골프 우화

골프 우화

초판 1쇄 발행 2010년 4월 5일
개정판 1쇄 인쇄 2022년 2월 24일
개정판 1쇄 발행 2022년 3월 11일

지은이 김헌
펴낸이 김선식

경영총괄 김은영
콘텐츠사업7팀장 김민정 **콘텐츠사업7팀** 김단비, 권예경
마케팅본부장 권장규 **마케팅1팀** 최혜령, 오서영
미디어홍보본부장 정명찬 **홍보팀** 안지혜, 김민정, 이소영, 김은지, 박재연, 오수미
뉴미디어팀 허지호, 박지수, 임유나, 송희진, 홍수경
저작권팀 한승빈, 김재원 **편집관리팀** 조세현, 백설희
경영관리본부 하미선, 박상민, 윤이경, 이소희, 이우철, 김재경, 최완규, 이지우, 김혜진
외부스태프 편집 박은정 디자인 날마다 작업실 일러스트 히조

펴낸곳 다산북스 **출판등록** 2005년 12월 23일 제313-2005-00277호
주소 경기도 파주시 회동길 490 다산북스 파주사옥
전화 02-704-1724 **팩스** 02-703-2219 **이메일** dasanbooks@dasanbooks.com
종이 IPP **인쇄·제본** 한영문화사 **코팅·후가공** 평창피앤지

ISBN 979-11-306-8098-9 (04690)
(세트) 979-11-306-8094-1 (04690)

• 책값은 뒤표지에 있습니다.
• 파본은 구입하신 서점에서 교환해드립니다.
• 이 책은 저작권법에 의하여 보호를 받는 저작물이므로 무단 전재와 복제를 금합니다

다산북스(DASANBOOKS)는 독자 여러분의 책에 관한 아이디어와 원고 투고를 기쁜 마음으로 기다리고 있습니다.
책 출간을 원하는 아이디어가 있으신 분은 다산북스 홈페이지 '투고 원고'란으로 간단한 개요와 취지, 연락처 등을 보내주세요.
머뭇거리지 말고 문을 두드리세요.

골프가 짐이 되어버린 사람을 위한 힐링 스토리

골프 우화

김 헌 지음

다산
라이프

이솝의 우화를 생각해 보세요.

〈이솝우화〉 속에는 진실과 거짓, 노력과 게으름, 욕심과 나눔, 독단과 배려, 자유와 구속, 선행과 악행, 약자와 강자, 현실과 이상, 술수와 계책 등 우리 삶의 모든 문제가 함축되어 있습니다. '싸움닭과 독수리', '개미와 배짱이', '여우와 두루미', '외톨이가 된 박쥐' 다 기억나시죠? 짧고 재미있는 한 토막의 이야기로 문득 깨우침을 주는 우화를 통해 우리는 모두 일상을 돌아보는 여유와 지혜를 배울 수 있었습니다. 그런데 중요한 점은 어렸을 적 읽고 느낀 이런 저런 교훈이 평생 머릿속을 떠나지 않고 맴돌고 있다는 점입니다. 힘들 때 위로가 되고, 나와 타자를 달래고 설득할 때 근거가 되어 줍니다.

골프에도 그런 이야기가 필요하다는 생각으로 〈골프 내공〉을 출판했었습니다.

의도는 그렇지만 누가 볼까 싶었습니다. 하지만 대박까지는 아니어도 기대 이상의 판매가 꾸준히 이어졌고, 책을 읽고 도움이 되었다는 골프 제자들의 반가운 증언을 듣기도 했습니다.

하여 글을 몇 편 더 보충하고 그림도 새롭게 그려서 개정판을 출판하게 되었습니다. 제목도 '골프 내공'에서 '골프 우화'로 좀 더 직관적으로 바꿨습니다. 더욱 신경 쓴 것은, 쉬 손이 가고 한결 가벼운 마음으로 자주 들춰볼 수 있게 하자는 생각으로 장정을 소프트하게 바꾼 겁니다.

골프가 하루아침에 될 일도 아니고, 샷은 늘 의도를 배반합니다. 일상에 있는 오욕과 칠정이 훨씬 압축적인 형태로 드러납니다. 평생의 골프가 그렇습니다. 골프를 가르치는 현장에서 골퍼들을 보면 골프 자체가 어렵다기보다 방향감 상실이 더 큰 문제였습니다. 골프가 먼 길을 가는 일이라면 내 골프를 지켜주고 방향을 안내해줄 나침반 같은 이야기 몇 개는 꼭 간직하고 있어야 합니다.

　김헌의 〈골프 우화〉가 그런 역할을 얼마나 할지 알 수 없지만, 동화나 우화를 창작하는 분들이 골프에 뛰어들고 '나도 골프 우화를 써봐야겠다'라는 욕구를 가졌으면 하는 바람으로, 시인들이 골프를 주제로 시를 쓰고, 그림을 그리는 분들이 골프를 더 많이 그렸으면 하는 바람으로 이 책을 다시 냅니다.

2022년 3월,
'행복골프훈련소'에서
김헌

세상 그 누구도
일상의 삶이 마냥 편한 사람은 없습니다.
언제나 크고 작은 사건과 사고 사이를 가로질러 질주합니다.
마음의 평온과 몸의 안락은 어쩌면 지극히 예외적인 한순간일
뿐입니다.

골프도 그렇습니다.
세상 그 누구의 골프도 쉽지 않습니다.

그렇게 보면 골퍼들에게 진정 필요한 것은 레슨이 아니라
위로일 것이고, 장황한 설명이 아니라 '올바른 관점의 공유가
아닐까?' 하고 오래도록 생각해왔습니다.

그리 보면 골프를 이야기하는 형식이 가까이 두고 틈틈이
음미할 수 있는 우화나 시라면 더 좋을 것도 같은데 아무리 찾

아도 그런 책이 없었습니다.

용기를 내어 젊은 일러스트레이터 두 사람과 함께 새로운 형식의 골프 이야기를 시도합니다.

순수한 창작물도 있고 동서고금의 좋은 글을 골프 이야기로 변형한 작품도 있습니다. 많이 부족하지만 이런 작업이 계기가 되어 골프가 싱글 핸디캐퍼나 프로의 전유물이 아니라 각자 업으로 삼고 있는 분야에서 활약 중인 분들과 함께 더 넓은 지평으로 나아가기를 기대해봅니다.

골프가 힘든 세상살이에 위안이 되는, 그런 '짓'이 되었으면 좋겠습니다.

2010년 3월
김헌

차례

1장 ## 골프가 짐이 되어버린
사람을 위하여

1장

골프가 짐이 되어버린
사람을 위하여

신선도 안 되는 일

옛날 옛적에 한 사내가 영험하기로 유명한 산에 들어가 오래도록 기도를 드렸습니다.

산신령은 그런 사람이 한둘이 아니었기에 처음에는 저러다 가겠지 싶어 무시하고 지나쳤는데 몇 날 며칠을 하도 간곡히 기도하기에 더는 모른 체 할 수가 없어 그 앞에 모습을 드러냈습니다.

"도대체 바라는 것이 무엇이기에 그토록 열심히 기도하느냐?"

사내는 기회를 놓칠세라 얼른 입을 뗐습니다.

"평생 아무 걱정 없이 천하를 돌며 멋지게 골프나 치며 살고 싶습니다."

그러자 산신령 왈,

"관둬라. 그건 나도 안 되는 일이다."

"네?"

산신령의 단호한 대답에 사내는 깜짝 놀랐습니다.

"억조창생 가운데 아무 일을 하지 않고, 아무런 걱정 없이 그처럼 유유자적 살아갈 수 있는 존재는 없느니라. 게다가 골프라니…. 나도 아직 슬라이스 땜에 고생하고 있거늘."

"헐."

사내는 산신령의 푸념에 입을 다물 수가 없었습니다.

"바쁘니 난 이만 가야겠다. 다시는 그런 터무니 없는 이
유로 나를 부르지 말거라."

아마, 십 년

    한 사내가 골프가 너무도 어렵고 힘들어서 깊은 산속에 산다는 전설적인 골프 도사를 찾아 나섰습니다.
    그리고 천신만고 끝에 드디어 그 도사를 만났습니다.

    "제가 도사님 밑에서 열심히 배우면 언제쯤 골프 클럽을 능숙하게 다루는 경지에 이를 수 있겠습니까?"

    아래위로 훑어보고는 한참 뜸을 들이던 골프도사 왈,

    "아마 십 년쯤 걸리겠지."

"너무나 긴 시간입니다. 제가 정말 열심히 연습하면 얼마나 시간을 단축할 수 있겠습니까?"

도사는 귀찮다는 듯 답했습니다.

"그럼, 이십 년은 족히 걸릴 걸세."

사내는 깜짝 놀라 다시 물었습니다.

"처음에는 십 년이라 하지 않으셨습니까? 그런데 더 열심히 연습하면 이십 년이 걸린다니요? 정말 죽기를 각오하고 골프에만 매달려보겠습니다. 그럼 얼마나 걸리겠습니까?"

"그럼 삼십 년이 걸릴 걸세."

"아니, 그게 무슨 해괴망측한 말씀이십니까?"

"자네처럼 결과에 조바심을 내면 배우는 데 더 많은 시

간이 걸리는 법일세."

"도사님, 그럼 제가 어떻게 해야 하나요?"

"골프도 인생이야. 기본기를 습득하지 않으면 비결이란 없네. 올바른 원칙을 꾸준히 반복적으로 훈련하다보면 자연스런 동작으로 승화되는 법일세."

사내는 하산하여 도사의 말씀을 받들어 몇 년간 기본기에 집중했고, 마침내 근방에서 알아주는 골퍼가 되었습니다.

골프와 소금

스승과 제자가 함께 골프를 치러 나갔습니다. 제자는 샷이 마음먹은 대로 되지 않자 온갖 핑계를 대기 시작했습니다.

"잔디 상태가 좋지 않은 것 같습니다."

"이 골프장, 거리 표시가 엉망이네요."

"오늘 바람이 유독 심한 것 같지 않으세요?"

제자의 불평을 묵묵히 듣던 스승은 5번 홀을 지나 그늘 집에 이르자, 삶은 계란 찍어 먹으라고 놓아둔 소금을 물이 담긴 컵에 한 줌 털어 넣고는 휘휘 저어 제자에게 마셔보라고 했습니다.

　　마지못해 한 모금 마신 제자는 얼굴을 찡그리며 물었습니다.

　　"이리도 짠 물을 도대체 왜 마시라고 하십니까?"

　　스승은 제자의 질문에 아랑곳하지 않고 워터해저드로 제자를 데리고 갔습니다. 그러고는 워터해저드에 소금을 한 줌 뿌리더니 그 물을 컵에 담아 제자에게 마셔보라고 했습니다. 영문이 궁금했던 제자는 냉큼 마시고 대답했습니다.

　　"아무 맛도 없습니다."

　　그러자 스승은 비로소 말했습니다.

"인생의 고통은 그 소금과 같고, 골프를 하다 마주치는 갖가지 장애도 그러하니라. 네 마음이 작은 컵과 같다면 소금물이 쓰듯 인생도 골프도 고통스럽기 마련이고, 네 마음이 커다란 워터해저드와 같다면 이런저런 사소한 난관들에 개의치 않게 될 것이다."

골프가 단지 기술만의 문제가 아니라는 스승의 이야기에 망치로 맞은 듯 큰 깨달음을 얻은 제자는 골프 실력을 키우는 연습뿐 아니라 마음의 그릇을 키우는 명상과 수행을 병행했고 마침내 세계적으로 명성을 날리는 선수가 되었습니다.

신비의 드라이버

한 나라의 대신이 왕을 모시고 이웃 나라 사절들과 함께 골프를 치던 중 뜻하지 않은 실수를 범해 외교적으로 큰 문제가 생겼습니다. 이에 진노한 왕은 노발대발하며 당장 대신을 처형하라고 명했습니다.

그러자 대신은 묘안이 떠오른 듯 말했습니다.

"대왕 마마, 정말 송구스럽습니다. 저의 실수로 나라에 큰 누를 끼치게 되었습니다. 하지만 그동안 나라를 위해 애써온 공을 헤아려 한 번만 기회를 주시기를 간청하옵나이다. 단 일 년의 시간을 주시면 대왕마마께 공을 살짝 건드리기만 해도 300야드를 훌쩍 넘기는 신비의 드라이버를 만들어드리겠습니다."

드라이버 샷 비거리가 짧아 골프에 한이 맺혔던 왕은 속는 셈 치고 대신의 제안을 받아들였습니다.

소식을 전해들은 대신의 친구들은 걱정이 되어 물었습니다.

"자네, 그게 진정 가능한 이야기인가?"

"글쎄, 어쨌거나 적어도 일 년은 더 살게 되었으니 좋은 일 아닌가? 불경스러운 말이지만, 혹시라도 왕이 그 전에 돌아가시거나 하면 더 살 수 있을지도 모를 일이고 말이야. 또 누가 알겠나, 내가 정말 신비의 드라이버를 만들지."

그렇게 일 년이 지났습니다.
그 사이 왕이 죽지도, 신비의 드라이버가 탄생하지도 않았지만, 대신은 결국 살아남았습니다.

비거리가 불만이었던 왕은 드라이버 샷 연습에 몰두한 끝에 신비의 드라이버가 아니어도 300미터를 거뜬히 넘기는 실력을 갖추게 되었던 것입니다.

그렇게 대담하고 여유로운 품성을 지녔던 대신은 훗날 만방에 이름을 떨치는 골퍼가 되어 다시금 왕의 신임을 얻었다고 합니다.

잃어버린 드라이버

어느 고을에 바보가 하나 살았습니다.

한번은 그 바보가 골프장을 누비며 큰 소리로 외쳤습니다.

"드라이버를 잃어버렸어요! 찾아주시기만 하면 그 드라이버를 그냥 드릴 테니 꼭 좀 찾아주세요, 제발!"

사람들은 비웃었습니다.

"아이고, 저 바보! 그게 무슨 어리석은 소리냐. 저러니

바보 소리를 듣지."

보다 못한 이웃집 아저씨가 바보를 불러 이야기했습니다.

"이 딱한 것아, 다른 사람에게 그냥 줄 거면 뭣 하러 그리도 열심히 드라이버를 찾느냐? 이제 그만두고 집에 돌아가거라."

그러자 바보가 말했습니다.

"안 돼요, 꼭 찾아야 해요. 누군가 찾게 되면, 나는 찾아서 기쁘고 그 사람은 드라이버가 생겨 좋을 테니 그냥 잃어버린 것보다 기쁨이 두 배잖아요. 그러니 꼭 찾고 말 거예요."

바보의 엉뚱한 이 한마디는 말의 권능이 되어 사람들의 마음을 울리는 큰 종소리가 되었습니다. 바보라 놀리면서 그를 심하게 비웃었던 사람들일수록 더 큰 각성의 계기가 되었고, 종소리는 시간이 지나면서 파문이 되어 온 마을로

번져 나갔습니다. 마침내 바보는 나눔의 지혜를 상징하는 이로 마을 사람들의 사랑을 듬뿍 받았고 그 마을은 나라에서 가장 살기 좋은 마을이 되었습니다.

우리의 삶이 그러하듯

골프로 인생의 도를 깨친 노 선사가 있었습니다.

그 소문을 듣고 골프가 짐이 되어버린 한 사람이 찾아가 물었습니다.

"선사님, 모든 골프장은 원래 울퉁불퉁하고, 게다가 오르막 내리막이 심한가요? 도무지 어느 장단에 맞춰야 할지 모르겠습니다."

"그럼요, 친구여! 단, 골프 자체가 목적이 되지 않는다면 말이지요. 휴식이 골프의 목적이고 사람과의 소통이 골프의 목적이고 자연과의 교감이 골프의 목적이라면 골프는 당신에게 더없이 좋은 친구가 될 것입니다. 하지만 골프가 목적이 되는 순간, 골프는 당신에게 또 하나의 짐이 될 겁니다. 우리의 삶이 그러하듯.”

　“선사님, 제가 맘 편히 골프를 즐길 날이 오기는 할까요?”

　“물론이지요, 내 친구여! 하지만 섣불리 기대하지는 마세요. 평온함이란 오랜 노력의 결과이자 거짓 없는 땀으로만 얻을 수 있는 대가입니다. 우리의 삶이 그러하듯 말이지요.”

축하합니다

제자가 골프를 마치고 돌아와 스승께 말했습니다.

"선생님! 오늘 온종일 엄청 화가 납니다. 라운드를 완전히 망쳤거든요."

"알고 있다. 축하한다."

"예? 축하라니요."

"네가 온종일 화가 났던 것을 축하한단 말이다."

"아니, 그게 어째서 축하받을 일인가요?"

"죽으면 화도 못 낼 테니 어찌 기쁜 일이 아니겠느냐. 어쨌거나 살아 있으니 화도 내는 것이고, 오늘 그토록 라운드를 망쳤다면 내일은 적어도 그보다는 낫지 않겠느냐? 그러니 축하를 받는 게 마땅하지."

"무슨 말씀이신지."

"화도, 짜증도 네게 온 손님이니 지극정성으로 대접하라는 말이다."

"그렇게 치면 긴장과 욕심도 다 제 손님이겠군요."

"이제야 말귀를 좀 알아듣는구나."

"선생님, 그럼 어떻게 하는 것이 화를 잘 대접하는 겁니까?"

"화가 나면 화를 내되 떨쳐버리거나 움켜잡으려고 하지 말거라. 화 그 자체나 화를 내는 나 자신을 손님 대하듯 가만히 바라보고 있노라면 여느 손님처럼 때가 되어 떠나지 않겠느냐?"

그분

　3년째 골프 수련을 하고 있는 제자가 아침 라운드를 마치고 와서는 호들갑을 떨었습니다.

　"스승님, 스승님! 그분이 오셨어요. 아까 샷을 했을 때 공이 물컹하면서 클럽에 착 달라붙는 그 느낌이란⋯ 정말이루 말로 표현할 수가 없습니다. 드디어 제게도 '그분'이 오신 것 같습니다!"

　"축하한다. 오늘, 네 골프 실력이 훌쩍 성장했겠구나!"

"그럼요, 스승님. 이제야 뭔가를 깨달은 것 같아요."

스승이 찬찬히 차를 한 모금 마시고는 잔잔한 미소를 띠며 물었습니다.

"낚시를 하다 큰 고기를 한 마리 낚으면 기분이 어떻겠느냐?"

"그야 너무 좋겠지요."

"그런데 그 고기를 며칠 동안 품에 넣고 다니면 어떻게 되겠느냐."

"썩어버리겠지요."

"그래, 썩어서 악취를 풍기겠지. 자신이 지금 깨닫거나 겪은 것을 겸허한 자세로 받아들이지 않으면 결국 오만하고 건방진 사람이 된다. 그런 사람은 생선이 썩는 것보다 더 심한 악취를 내지."

"그래도 아까 샷을 할 때의 그 느낌은 정말 이제껏 느껴본 적 없는 것이었습니다."

"그 느낌이 잔디의 종류가 달라져도 가능하겠느냐?"

"…글쎄요."

"우리의 깨달음은 절대적인 앎이 아니다. 우리가 무언가를 안다고 할 때 그것은 무조건적으로 아는 것을 의미하지 않는다. 네가 오늘 깨달은 것은 그저 '지금', '여기'에서의 깨달음일 뿐이다. 40도를 웃도는 기온에서 매트를 끌고 다니며 쳐야 하는 사막의 골프를 알게 된 것도 아니고, 모진 바람에 모래가 날리는 해변의 골프를 알게 된 것도 아니다."

"…네."

"세월을 조금만 거슬러 올라가도 지금 우리가 아는 지식과 경험으로는 이해가 안 되는 일투성이고, 한 치 앞 미래

에도 지금의 신념과 확신이 유효할지는 누구도 모를 일이
다."

"스승님 말이 옳습니다."

"골프를 치다가 '그래, 바로 이거야' 하는 느낌이 오더라
도 이는 떠벌릴 일이 아니다. 그 느낌은 어쩌면 첫새벽 안
개처럼 사라질지도 모르고 오히려 네가 더 높은 경지로 오
르는 것을 가로막을지도 모른다.
    소소한 앎이나 깨달음에 이끌리지 않고 그저 하루하루
조금씩이나마 정진하다보면 언젠가 사통팔달 도가 트일
날이 올 것이다."

멀리건

　사업에 실패해서 실의와 좌절에 빠져있는 이에게 친구가 찾아왔습니다.

　"골프나 한번 치자!"

　"내가 요즘 그럴 여유가 없어."

　"그러지 말고 가자. 공돈이 좀 생겼으니 오늘 비용은 내가 대마."

사업에 실패한 이는 내키지 않았지만 마지못해 친구를 따라나섰습니다. 티 박스에 이르자 친구가 엉뚱한 제안을 하나 했습니다.

"오늘은 골프장에 다른 손님도 별로 없고 하니 멀리건을 무제한으로 써보면 어떨까?"

"그건 또 무슨 소리냐?"

"장사 때문에 마음고생이 심할 텐데 골프 치면서 더 골치 아파질 필요 없잖아."

초반 몇 홀에서 한두 개씩 멀리건을 쓰긴 했지만 홀이 거듭될수록 신기한 일이 벌어졌습니다.
멀리건을 맘껏 쓰기로 했으므로 잘못 쳐도 다시 치면 되니 샷이 긴장되지도 불안하지도 않았습니다.
그러다보니 딱히 멀리건을 쓸 일이 없을 만큼 공이 잘 맞았습니다.

마음이 여유로우니 푸르른 경치도 눈에 들어왔습니다.

18홀 라운드 결과, 멀리건 쓴 것을 더해도 라이프 베스트 스코어인 89타를 쳤습니다. 너무도 유쾌한 라운드가 끝나고 욕탕에 들어가 그날의 골프를 음미하고 있는데 친구가 슬며시 다가왔습니다.

"어때, 오늘 골프 좋았지?"

"그래, 네 덕분에 간만에 기분 좋게 골프 쳤다."

"살아보니 인생에도 의외로 멀리건이 많더라. 너무 잘하려고 하고 결과에 연연할수록 일이 더 안 풀리고 꼬이더라고. 지금 네가 하는 장사에 오비가 났다고 생각하고 멀리건을 하나 써봐. 실패가 문제가 아니라 실패를 인정하려 하지 않고 실패를 통해 배우지 못하는 것이 더 문제잖아. 힘든 줄 알지만 이 말을 꼭 해주고 싶어서 오늘 부른 거야."

사업에 실패한 이는 욕탕 물로 얼굴을 훔쳐 애써 감추기는 했지만 가슴이 뭉클해 따뜻한 눈물이 흘렀습니다.

시크릿

"글쎄? 그런 걸 갑자기 왜 묻나?"

"라운드를 하면서 보니 자네는 내 도움에 계속 미안해하는 것 같더군. 아까 숲 속에 들어간 공을 함께 찾아주러 갔을 때도 그렇고 말이야."

"지난 홀에서 오비가 났을 때 말인가?"

"그때 내게 미안하다고 사과를 했잖아."

"근데 그게 어때서? 내가 잘못 쳐서 자네가 번거롭게 수고를 했으니 미안한 게 당연하지."

"그뿐만이 아닐세. 그 전 홀에서 버디를 했을 때도 내게 미안하다고 했지."

"실력이 아니라 운이 좋아서 들어갔으니 미안할 수밖에 없지."

"그래, 미안해할 수도 있겠지. 그래도 미안하다고 하기보다는 고맙다고 하면 어떨까?"

"그게 그거 아닌가?"

"아니지, 전혀 다르다네."

"미안함은 부정의 마음이지만, 고마움은 긍정의 마음이야. 한번 생각해보게. 자네가 누군가를 도왔는데 상대가 미안해서 어쩔 줄 모르면 다음에 또 돕고 싶겠나? 고마워하

고 기뻐해야 그 모습을 다시 보고 싶어서라도 또 도와주고
싶은 것 아닌가?"

"그러고 보니 그렇군."

"미안해하는 사람에게는 미안해할 일만 생기고 고마
워하는 사람에게는 늘 고마워할 일만 생기게 마련이네."

감옥

한 사나이가 억울한 누명을 써 십 년간이나 옥살이하고 세상에 나왔습니다. 감옥에 있는 동안 그립고 궁금했던 친구들을 두루 만나러 다닌 그는 마지막 남은 친구를 찾아가 물었습니다.

"너는 잘 지내니?"

"왜? 다른 친구들은 잘 못 지낸다는 말처럼 들리네."

"응, 내가 보기에는 다들 감옥에 갇혀 살더라고."

"감옥?"

"감옥이 뭐 별거야? 내 뜻대로 마음대로 할 수 없으면 감옥이지."

"그야 그렇지."

"십 년 만에 만나보니 다들 성공이라는 감옥, 돈이라는 감옥, 명예라는 감옥에 갇혀 있더라. 심지어 골프라는 감옥에 갇힌 놈도 있어."

이 이야기에 얼마 전부터 골프가 잘 안돼서 짜증이 가득 나 있던 친구는 뜨끔했습니다. 사나이는 말을 이었습니다.

"다들 그렇게 사니 친구도 부모님도 잘 만날 수가 없지. 그게 감옥이지 뭐냐?"

주말이면 골프 치느라 이 핑계 저 핑계를 대며 한동안 부모님을 찾아뵙지 않았고, 골프를 치지 않는 친구들과는

소식 끊은 지 오래인 친구는 또 한 번 뜨끔합니다.

그리고 사나이는 발길을 돌리며 말했습니다.

"하고 싶은 것 다 할 수 있다고 그게 자유는 아닌 것 같아. 무언가를 하고 싶고 이루고 싶은 욕심에 매이지 않고 사는 것이 진짜 자유가 아닐까?"

악연

"스승님, 큰일입니다. 오늘 제가 일하는 곳에 사람이 새로 들어왔는데 골프를 함께 쳐보니 정말 형편없는 사람입니다. 이제 매일같이 보고 살아야 한다니 정말 악연입니다."

"그 사람의 어떤 점이 그렇게 거슬리더냐?"

"그 친구는 도통 자기밖에 모릅니다."

"정도의 차이야 있겠지만 누구에게나 그런 점은 있지 않느냐."

"그렇지만 도가 지나쳐 완전히 안하무인인데다 규칙도 마구 어기더군요."

"잘 몰라서 그럴 수도 있지 않느냐."

"그 정도도 모르고 골프를 쳤다면 그것도 잘못입니다."

"처음부터 알고 치는 사람이 어디 있겠느냐."

"스승님이 아무리 그러셔도 제 생각에는 변함이 없습니다."

"세상에 인연은 있을지라도 악연이란 없다. 나쁜 사람이다 싶어도 어느새 스승이 되고, 꺼려지는 관계에서도 결국 배울 것이 있게 마련이다. 네가 맺는 모든 인연을 다 공부라고 생각하면 악연이란 있을 수 없다."

"그럼 오늘 만난 사람에게서는 뭘 배울 수 있겠습니까?"

"적어도 골프를 칠 때 상대방을 배려해야 하고 규칙을 어겨서는 안 된다는 것을 뼈저리게 배웠을 것 아니냐."

"그건 그렇습니다."

"세상에는 완전한 악인도, 완전한 선인도 없다. 산이 높으면 골이 깊듯 단점이 많으면 장점이 그만큼 많을 수도 있다. 네가 그 사람을 만나고 싶어서 만난 것이더냐?"

"아닙니다."

"헤어지는 것도 네 마음대로 되는 일이 아니지 않느냐?"

"그렇습니다."

"오는 인연을 막을 수 없고, 가는 인연을 잡을 수도 없다. 성격은 괴팍해도 네게 큰 가르침을 줄 훌륭한 스승님 한 분을 모시게 되었다고 생각하거라."

골프의 기원

어느 날 친구가 라운드를 하면서 물었습니다.

"자네 골프가 어디서 어떻게 시작되었는지 그 기원을 아나?"

친구가 시큰둥하게 답합니다.

"뭐 스코틀랜드에서 목동이 시작했다고들 이야기하지 않나?"

사내는 사뭇 심각한 어조로 이야기를 이어갑니다

"다들 그렇게 알고 있지만 실은 아닐세. 최근에 밝혀진 바로는 골프가 불교에서 시작되었다는 것이 거의 정설이 되어가고 있다네."

"정말?"

"응. 그렇다네."

"홀 컵의 사이즈가 얼마인가?"

"108mm!"

말도 안 되는 소리는 한다 싶었지만, 친구는 조금씩 이야기에 끌려들어 갔다.

"그것 보게 불교에서 시작되었으니 108번뇌, 108mm로 만든 것이라네."

"그게 골프가 불교에서 시작되었다는 증거란 말인가?"

옆에서 듣던 캐디가 웃습니다.
그것에 아랑곳하지 않고 사내는 진지하게 이야기를 끌고 갑니다.

"아닐세. 골프가 불교에서 시작되었다는 근거는 차고도 넘치네!"

"뭐가 또 있는데?"

친구는 귀찮다는 듯이 묻습니다.

"여보게, 사람들이 치는 공은 어디로 가나?"

친구가 뜬금없는 질문에 당황했습니다.

"어디로 가긴, 페어웨이로 가든 산으로 가든 천지 사방으로 날아다니지."

"아닐세 잘 생각해 보게, 모든 공은 한 곳을 향하고 있다네?"

"그럴 리가 있는가?"

"사람들이 치는 모든 공은 절로 간다네."

"뭐라고?"

이게 왠 철학적인 질문인가 싶어, 말을 잇지 못하는 친구에게 사내는 말을 이어갑니다.

"생각해 보게 공을 치고 나서, 사람들은 '어어, 공이 왜 절로 가지?' 하지 않는가?"

순간, 두 사람의 이야기를 듣고 있던 캐디가 빵 터져버립니다.

"완전 아재 개그네요. 푸하하하."

아직도 사내는 진지한 표정을 풀지 않고 이야기를 이어갑니다.

"도로를 맞으면 따불 된다. 도로아미타불. 나무 맞으면 따불 되기 쉽다. 나무아미타불."

캐디뿐 아니라 동반자 모두가 사내의 개그에 웃음꽃이 핍니다.
아재 개그임이 분명한데, 이상하게 생각할수록 웃음의 여운이 지속된다는 것이 캐디의 총평이었습니다.

골프를 수행의 도구로 써라.

골프는 불교에서 시작된 것입니다.

훌륭한 스승

투어 프로 생활하면서 또렷한 성적을 내지도 못하고 어깨 부상으로 더 이상 선수 생활을 이어갈 수가 없던 프로가 레슨을 하기로 결심했습니다.

'어떻게 골프를 가르쳐야 하나? 잘 할 수 있을까?'

고민을 거듭하던 중에 덜컥 취직되고 준비도 없이 레슨의 현장에 서게 되었습니다.

'내가 연습한 그대로, 연습하면서 깨달았던 것을 친절하고 자세히 설명해주면 되겠지. 폼이 중요하니 처음부터 멋진 자세를 가르쳐서 멋지다 어디서 골프를 배웠냐는 소리를 듣게 해야지.'

입에서 단내가 나도록 가르치고 또 가르쳤습니다.
처음에는 손님이 늘어나고 연습장 사장님도 좋아하는 듯했는데 시간이 지나면서 손님은 점점 줄고 수입도 근근이 살아갈 정도밖에 안 됐습니다.

이 지역에 손님이 없어서 그런가 싶어 다른 곳으로 옮겨서 레슨도 해봤지만, 결과는 비슷했습니다.

"나는 레슨에 소질이 없나 봐."

실의와 좌절에 빠진 나날을 보내고 있는데 세상의 레슨과는 전혀 다른 레슨하는 것으로 유명하다는 선생 한 분을 친구로부터 소개받았습니다. 그분께 가르침을 받고 자신도 많이 변했다는 이야기와 함께.

별다른 레슨이 있겠나 싶은 의구심이 없진 않았지만 한 가닥 희망으로 무거운 발길을 내디뎠습니다.

찾아간 곳은 허름한 연습장이었지만 사람이 북적이고 있었습니다.
프로는 용기를 내어 말을 건넸습니다.

"선생님, 레슨해서 먹고 살아야 하는데 어떻게 해야 할지 길을 잃었습니다. 제게 길을 좀 알려주십시오."

사실 그럴 마음은 아니었는데, 그동안의 고민스러웠던 세월이 울컥 눈물이 되고, 흐느끼는 목소리가 되어버렸습니다.

"아이구. 우리 프로님. 그동안 마음고생이 심했나 보네."

의도된 바는 아니었지만, 선생의 마음이 훅 열리면서 바로 본론으로 들어갈 수 있었습니다.

"예, 나름으로 열심히 가르쳤는데, 손님도 떨어지고, 수입은 줄고…."

"자네는 뭘 가르치나?"

"예? 스윙을 가르치죠."

"음 나는 스윙을 가르치지 않네. 나는 골프를 가르친다네."

"예? 그게 그거 아닙니까?"

"사람들은 골프 연습장에 왜 오나?"

"연습하러…."

"연습은 왜 하나?"

"골프를 잘 치려고…."

"그래 음식점이 맛이 있어야 장사가 되듯 골프를 잘 치게 해줘야 계속 연습장을 오고 자네에게 골프를 꾸준히 배우게 될 것 아닌가."

"예, 당연한 말씀입니다."

"자네에게 골프를 배우겠다고 온 사람들에게 스윙 모양 만들기를 하느라, 정작 골프를 잘 치게 해 주질 못하고 있었던 걸세. 음식점의 음식이 맛이 없는 것처럼."

"제가 배우고 느낀 그대로 열심히 했는데."

"쯧쯧. 그래서 안 되는 거야. 게다가 멋진 폼을 가르치려고 애썼겠지?"

"예, 당연하죠. 저한테 배운 사람이 어디 가서 폼이 흉하다는 소리를 들으면 안 되잖아요."

"자네에게 배우러 온 사람 중에 하루에 4시간, 8시간씩 매일 연습할 사람이 있던가?"

"아니요, 그런 사람은 없습니다."

"그럼 자네가 골프를 익힌 방법 그대로 따라 할 사람은 없구먼."

"예, 그렇겠죠."

"그렇다면 '나처럼 하면 골프가 잘 될 거야'라는 방법을 버려야 하네. 자네의 첫 번째 실패는 '나처럼 하면 돼'라는 방식을 선택한 것이네."

"아하."

"그리고 멋진 폼은 어떻게 만들어지나?"

"글쎄요. 연습을 많이…."

"그래 스윙의 완성이란 줄넘기가 그러하듯, '이렇게 해. 그렇게 하면 안 돼'라는 지적질이나 지침의 합이 아니라 반복의 양이 결정하는 것일세."

"예."

"그런데 반복은 지루하고 어렵지 않은가?"

"예, 정말 어렵죠."

"그 지루한 반복을 돕고, 지루하지 않도록 안내를 잘 하는 사람이 좋은 프로인 거야. 그걸 모르고 몸 상태도 프로 같지 않은 사람들에게 그저 '내 스윙처럼 해. 멋진 프로 비슷하게 해'라는 식으로 모양 만들기식 레슨을 하니 손님이 다 도망가버리는 거지."

"그렇군요."

프로는 그동안 자신이 해온 레슨이 주마등처럼 스쳐 지

나갔다.

"나는 제자에게 연습하지 말라고 가르친다네."

"예?"

프로는 선생의 뜬금없는 이야기에 눈이 동그래진다.

"아니, 연습장에 오는 사람에게 연습하지 말라시면."

"어느 운동이 그렇게 연습을 따로 많이 하나? 배드민턴이 그런가? 당구가 그런가? 축구가 그런가? 농구가 그런가?"

"그렇기는 하네요. 모이면 바로 게임이죠."

"연습이 골프를 망치고, 그놈의 연습 때문에 연습장을 안 온다네. 연습이 아니라 놀러 오는 기분이 들게 해야 해. 지루한 반복을 이기는 힘은 의무감이 아니라 재미일세. 재미를 느끼려면 게임을 해야 하는 것이고."

"연습의 중심에 게임이 놓여야 한다는 뜻이군요."

프로는 처음 들어보는 '선생의 완전히 새로운 레슨 이야기'에 점점 빠져든다.

"그래, 이제 좀 알아듣는 것 같군. 게임은 재미를 일으키고 재미는 욕망을 만든다네."

"예. 아이들이 게임에 몰입하는 것도 그런 거죠."

"선생이 하는 일은 폼을 가르치기 전에 욕망을 생성시키는 것이라네. 세상의 일을 보면 욕망의 크기가 성취의 크기가 아니던가! 욕망이 생기면 연습하지 말라고 말려도 하고 지루한 반복이 즐거움으로 바뀐다네."

"정말 그런 것 같습니다. 선생님."

프로는 깊게 공감하면서 머리가 저절로 숙여졌습니다.
그날의 만남은 거기까지였습니다.

프로는 깊은 깨달음으로 그동안의 레슨을 반성하게 되었고, 새로운 레슨의 세계로 조금씩 아주 조금씩 나갔습니다.

결국, 프로는 자신의 이름을 세상에 널리 떨치게 되었고, 골프가 짐이 되어버린 사람들을 진심으로 돕는 훌륭한 스승이 되었답니다.

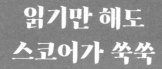

2장

읽기만 해도
스코어가 쓱쓱

마지막 이유

한 골프 선수가 경기를 망치고 와서는 스승에게 변명을 늘어놓았습니다.

"스승님, 오늘 날씨가 엉망이었습니다. 바람이 엄청나게 불더니만 나중에는 비까지 내렸습니다. 정말 어쩔 도리가 없었습니다."

한참을 듣고 있던 스승이 물었습니다.

"바람이 너한테만 불었니?"

"그런 건 아닙니다만….."

제자의 변명이 이어졌습니다.

"게다가 오늘 라운드를 함께한 선수들은 경기 예절이 형편없었습니다. 한 사람은 샷을 할 때마다 시간을 질질 끌면서 이러쿵저러쿵 어찌나 말이 많던지……. 또 한 명은 운이 엄청 좋아서 치는 족족 퍼팅이 다 들어가더군요. 그랬으니 제가 이길 리가 없지요."

또 한참을 듣고 있던 스승이 물었습니다.

"그랬구나. 이제 다 말한 거냐?"

"예, 대충."

"그런데 너는 네가 경기에서 진 진짜 이유는 결국 말하지 않는구나."

"저로서는 더 떠오르는 것이 없습니다."

"네가 패배한 것은 스스로가 이길 수 있다고 전혀 믿지 않았기 때문이다."

"네?"

"훌륭한 골퍼는 전략을 갖고 경기에 임하지만 변변찮은 골퍼는 언제나 변명만 하며, 훌륭한 골퍼는 문제에서 답을 찾지만 변변찮은 골퍼는 답에서 문제를 찾는다. 또 훌륭한 골퍼는 '어렵지만 가능하다'고 말하지만 변변찮은 골퍼는 '가능하지만 어렵다'고 말하느니라. 너는 어떤 골퍼가 되겠느냐?"

대담과 섬세 사이

한 노스승이 큰 대회를 앞둔 총명한 제자 세 명과 함께 라운드했습니다.

스승은 몇 홀을 거치는 동안 묵묵히 라운드에만 몰두했습니다. 그러다 비가 온 뒤라 흙탕이 되어버린 워터해저드에 이르자 제자들을 불러 모았습니다.

그러고는 갑자기 바지를 내리더니 워터해저드에 소변을 보는 것이었습니다. 제자들이 민망해 할 겨를도 없이 스승은 이야기를 시작했습니다.

"골프에 있어 가장 중요한 요소 중 하나가 바로 대담성이다. 어려운 형편에 처했다고 주눅 들고 겁을 먹으면 절대 골프를 잘할 수 없다."

말을 끝낸 스승은 그 물을 손가락으로 휘휘 젓더니 그 맛을 보려는 듯 손가락을 입에 넣었습니다.

"골프를 제대로 하려면 이 정도 용기는 있어야 하느니라. 자, 너희도 해보거라."

기겁을 한 제자들은 누구 하나 선뜻 나서지 않았습니다. 다시 한번 스승의 호통이 떨어지고 나서야 비로소 한 제자가 말했습니다.

"다른 사람도 아닌 스승님의 소변인데 제자인 제가 먹지 못할 이유가 무엇이겠습니까?"

한 제자가 스승의 뜻을 따르자 다른 제자들도 마지못해 용기를 냈습니다. 다들 속이 뒤집혀 표정이 일그러졌습니다.

모든 제자가 그 맛을 보고 나자 스승은 더는 못 참겠다는 듯 웃음을 터트리며 말했습니다.

"푸하하하하! 나는 검지로 물을 젓고, 중지를 입에 넣었건만 너희는 그것을 미처 보지 못했구나."

그 말에 제자들은 붉으락푸르락 안색이 변했습니다. 잠시 후 스승이 타이르듯 말을 이었습니다.

"섬세함이 빠진 대담함은 용기가 아니라 만용이니라. 자신이 처한 형편을 세심하게 읽지 않은 채 무턱대고 용기를 부리면 결국 패하게 마련이고, 상대의 패를 찬찬히 읽지 않고 내기를 하는 것은 패가망신하는 지름길이다."

스승의 가르침에 큰 깨달음을 얻은 세 제자 모두 곧 있은 대회에서 좋은 성적을 거두었고, 그 날의 그 찜찜한 물맛을 평생 잊지 않았다고 합니다.

세 개의 비방

한 사내가 매일 해 질 무렵이면 골프장 어귀에서 벽에 방을 붙이고 노점을 벌였습니다. 그 방에는 다음과 같이 적혀 있었습니다.

"골프가 짐이 되어버린 사람들에게 비방을 팝니다."

누구도 그 남루한 행색의 사내에게 관심을 가지지 않았습니다. 그러던 어느날 라운드를 엉망으로 마치고 나온 한 남자가 벽에 붙은 방을 보고 지푸라기라도 잡는 심정으로 사내에게 다가가 물었습니다.

"그 비방이라는 게 대체 뭐요?"

"이 안에 쓰여 있소."

사내는 각각 노란색, 푸른색, 붉은색 비단 띠로 둘러 묶은 한지 두루마리 세 개를 건넸습니다.

"여기에 비방이 적혀 있다는 말이오?"

"그렇소."

"그래, 이게 얼마요?"

"세 개가 한 벌이고 열 냥만 주시오."

"우선 하나만 사서 보면 안 되는 거요?"

"절대 안 되오. 노란색 두루마리를 먼저 보고 나서 효능을 얻으면 푸른색 두루마리를 보고, 또 효능을 얻은 다음에 붉은색 두루마리를 봐야 하오."

"어디, 그럼 조금만 미리 봅시다."

"안 되오, 살 마음 없으면 얼른 가보시오."

단호한 사내의 태도에 한참을 망설이던 남자가 드디어 입을 열었습니다.

"알겠소. 한 벌 주시오."

두루마리를 건네며 사내가 당부했습니다.

"집에 가거든 우선 푹 자고 묘시가 지나기 전에 일어나 노란색 두루마리를 풀어 보시오. 반드시 차례대로 열어 보아야 하오. 아무리 궁금해도 한꺼번에 열어 보거나 효능을 얻기 전에 다음 두루마리를 열어서는 안 되오. 이 약속을 지키지 않으면 비방은 아무런 효능도 발휘하지 않을 것이오."

"내 꼭 그렇게 하리다."

집으로 돌아온 남자는 반신반의하는 심정으로 첫 번째 두루마리를 풀었습니다.
그 안에는 다음과 같이 쓰여 있었습니다.

"면오소턴."

암호인 것 같기도 하고 도무지 뜻을 알 수 없는 글귀에 남자는 아니나 다를까 비렁뱅이한테 속았구나 싶었습니다. 하지만 가만히 뜯어보니 글자를 써내려간 필치가 예사롭지가 않습니다.

이후 며칠이 지나는 동안 머릿속에 '면오소턴'이란 글귀가 계속 맴돌았습니다. 다시 두루마리를 꺼내 찬찬히 보니 글귀 위의 동그라미는 아무래도 골프 스윙을 의미하는 듯했습니다.

'동그라미가 스윙이면. 면은 스윙을 이야기할 때 스윙

궤도, 스윙 플레인 하니까. 스윙 면(面)? 그래. 스윙은 면을 따라다니는 거니까, 스윙 면을 뜻하는 거겠지. 그럼 오는 뭘까? 오른쪽 오른발? 오른팔?'

며칠을 생각해도 나머지 글자들의 뜻을 알 수가 없었습니다. 그나마 꿰어맞춘 말을 곱씹을 따름이었습니다.

'스윙은 평면이다. 스윙은 면 운동이다.'
그러다 마지막 글자인 '턴'이 머릿속에 떠올랐습니다.

'글귀 위의 동그라미 그림이 주는 느낌도 그렇고. 면을 따라 터닝? 면을 따라 턴다? 그래! 면을 따라 턴다? 누군가 스윙은 채찍질이라 했던 기억도 떠오르고. 그래, 스윙은 면을 따라 턴다는 거구나!'

허지만 여전히 '오'와 '소'의 뜻은 도무지 알 수가 없었습니다. 그렇게 한 달여의 시간이 지날 무렵이었습니다. 일을 마치고 집으로 돌아가는 길에 뭐가 그리 급한지 어딘가를 향해 쏜살같이 뛰어가던 사람이 남자의 오른편을 휙 스쳐

지나갔습니다. 그때 문득 남자는 나머지 글자 '오'와 '소'의
의미를 깨달았습니다.

'그래, 오소는 바로 오른쪽에서 나는 소리야! 그렇다면
스윙이란, 면을 따라 오른쪽에서 소리 나게 터는 것이다?
면오소턴, 면오소턴. 스윙이란 면을 따라 오른쪽에서 소리
나게 터는 것이다. 그런데 왜 오른쪽에서 소리가 나도록
하라는 것이지? 공이 있는 부분에서 최대한 스피드가 나야
공이 멀리 갈 터인데, 왜?'

남자는 연습장으로 가서 면오소턴을 떠올리면 샷을 연
습했습니다.
'면오소턴, 면오소턴…'

계속 연습을 하는 동안 좌뇌와 우뇌를 관통하는 느낌이
왔습니다.

'그래, 오른쪽에서 소리를 낸다고 터니까 결과적으로 공
있는 부분에서 최대한의 스피드가 나는구나. 와! 임팩트라

는 찰나의 순간 내 몸의 축이 쉬프트되고 몸통이 회전하고 있으니 그동안 공이 있는 부분에서 최대 스피드를 내려고 했던 것이 결과적으로는 공을 지나쳐서 속도가 나는 낭비적인 운동이 되어버렸던 것이구나. 그래그래 스윙은 면오소턴, 면오소턴. 그런 것이었구나.'

역시 그 초라한 사내는 보통 사람이 아니었습니다.

첫 번째 두루마리로 큰 깨달음을 얻은 남자는 더 큰 기대를 품고 두 번째 두루마리를 풀었습니다.

"빈 스윙 하루 300번, 그것만이 살길이다."

이번에는 명쾌한 비방이 담겨 있길 바랐건만 갈수록 첩첩산중이었습니다.

그렇게 며칠을 고민하던 남자는 귀가 번쩍 뜨이는 이야기를 듣게 되었습니다. 명궁수는 좋은 자세를 만들기 위해 화살을 메기지 않고 시위 당기는 연습을 수도 없이 반복한다는 것이었습니다.

'그래, 어디 나도 한번 해보자.'

아침에 눈 떠 밥 먹기 전에 200번, 잠들기 전에 100번.
그렇게 열흘이 지나고 스무날이 지나자 남자는 빈 스윙을 할 때와 공을 두고 스윙할 때 자신의 마음이 어떻게 다른지 깨닫게 되었습니다.

공이 없을 때는 아무 부담이 없어 스윙이 자연스러운데 공이 앞에 있기만 하면, 샷이 엇나가면 어쩌나 비거리가 짧으면 어쩌나 걱정이 태산이었습니다.
그런데 비방에 있는 대로 매일 300번씩 빈 스윙을 하니 이제는 공을 앞에 두고도 빈 스윙을 할 때처럼 자연스럽게 샷을 할 수 있게 되었습니다.

예전보다 방향도 일정해지고 비거리도 한결 늘어 필드에 나갈 때면 친구들이 언제 그렇게 연습했냐며 부러운 듯 한마디씩 했습니다.

그렇게 실력이 일취월장한 남자는 드디어 마지막 비방

을 열었습니다.

"콧노래로 스윙하라."

예전 같으면 이런 허무맹랑한 말이 어디 있냐며 내팽개
쳤겠지만 이미 비방의 효능을 맛본 남자는 비방의 가르침
을 마음에 새겼습니다.

남자는 이후 스윙 연습할 때마다 무작정 아무 노래나 콧
소리로 불러보았습니다.

그러다 하루는 노래 에델바이스를 흥얼거리며 연습을
했더니 그 삼박자가 스윙 동작과 아주 잘 맞았습니다.

"에―델 바이스, 에―델 바이스."

게다가 가만히 입 다물고 연습할 때보다 흥이 나기도 했
고 박자에 따라 움직이다 보니 샷을 할 때 조급함이 한결
덜해졌습니다.

문득 생각이 나서 이전에 읽었던 골프 대가들의 책을 다시 훑어보니 역시 스윙에 있어 가장 중요한 요소 가운데 하나로 박자감을 꼽아놓았습니다.

예전에 라운드 할 때는 잘 치다가도 조금만 삐끗하면 나머지 샷도 죄다 엉망이 되곤 했는데 이제는 하나하나의 샷에 몰입할 수 있게 되었습니다.

고마운 마음에 자기에게 비방을 준 사내를 찾아 골프장에 갔지만 그 후로는 모습을 보인 적이 없다고 했습니다.

그때부터 남자는 그 사내 대신 예전의 자신처럼 골프가 짐이 되어버린 누군가에게 비방을 전하기 위해 해 질 무렵이면 골프장 어귀에 노점을 연다고 합니다.

두 친구

어느 마을에 골프 도사로 소문난 사내가 하나 살았습니다. 하루는 그의 친구 하나가 한 수 가르쳐달라며 찾아와 라운드를 함께했습니다.

가르침을 달라는 친구의 부탁에도 불구하고 사내는 별다른 이야기 없이 라운드에 집중할 뿐이었습니다. 역시 소문대로 실력이 훌륭했습니다.

참다못한 친구가 말했습니다.

"정말 부럽네. 어떻게 하면 그렇게 골프를 잘 칠 수 있는 건가? 내 스윙 좀 한번 봐주지 않겠나?"

사내는 친구의 청에 아랑곳하지 않고 되물었습니다.

"친구, 자네는 스윙할 때 무엇을 보나?"

"그야 물론 스윙이 끝날 때까지 공에서 눈을 떼지 않지."

"나는 공이 아니라 공을 향한 내 마음을 본다네."

사내는 그렇게 아리송한 말만 던지고는 발걸음을 다시
옮겼습니다.
몇 홀을 더 지나 사내는 문득 생각났다는 듯 또 물었습
니다.

"자네는 홀 핀을 볼 때 무슨 생각을 하나?"

"그야 공을 거기에 좀 더 가까이 붙여야겠다는 일념뿐이
지."

"나는 홀 핀을 바라보는 내 마음을 생각한다네."

드디어 마지막 홀에 이르렀습니다.
친구가 파 퍼팅을 남기고 요모조모 가늠하고 있는데 사내가 다가와 물었습니다.

"자네는 퍼팅할 때 무슨 생각을 하나?"

"아니, 또 무슨 말을 하려는 건가?"

"나는 마음속에 홀 컵으로 공이 굴러 들어가는 그림을 그린다네."

선문답같이 오가는 대화에 답답해진 친구는 급기야 따지듯 물었습니다.

"아까부터 자네는 계속 마음을 이야기하는데 도대체 그게 골프와 무슨 상관이 있단 말인가?"

"그리 대수로운 것은 아닐세. 그저 홀 핀을 보면서 내가 욕심을 부리고 있지는 않은지 긴장하거나 실패를 두려워하고 있지는 않은지 살피려고 애쓸 뿐일세."

"그리하면 어찌 되는가?"

"그렇게 스스로를 들여다보는 것만으로도 욕심, 불안, 두려움이 눈 녹듯 사라지지. 마음속에 그런 부정적인 감정이 있으면 결과 또한 부정적일 수밖에 없다네."

그날 이후 친구는 스윙할 때면 늘 공을 향한 스스로의 마음을 보려 했고, 홀 핀을 볼 때는 그것을 바라보는 마음을 생각하려 했으며, 퍼팅할 때는 공이 홀 컵으로 굴러 들어가는 그림을 마음속에 그렸습니다.

그렇게 사내의 가르침을 따르다 보니 신기하게도 하루가 다르게 샷이 좋아졌습니다.
또 승리에 집착하지 않고 스스로의 마음에 집중하다 보니, 마침내 사내와 어깨를 겨룰 만큼 실력이 일취월장한 친구는 사내를 다시 찾아가 라운드를 함께하며 뿌듯한 마음을 나누었다고 합니다.

박쥐의 골프

박쥐가 어느 날 새들과 어울려 골프를 쳤습니다. 새들이 공중을 누비며 골프를 치는 광경은 정말 흥미진진했습니다. 몇 홀이 지나 참새 하나가 박쥐에게 물었습니다.

"박쥐야, 너는 새니 아니면 쥐니?"

"나는 새도 아니고 쥐도 아니야. 그냥 박쥐야."

그러자 옆에 있던 까치가 이야기했습니다.

"우리는 쥐하고는 골프 안 쳐. 우리와 계속 어울리고 싶으면 앞으로 절대 쥐들과는 골프를 치지 않겠다고 약속해."

그 옆에 있던 비둘기도 한마디 거들었습니다.

"그러게, 아까 보니 너 다음 샷을 하러 자리를 옮길 때 걸어가기도 하던데 앞으로는 꼭 날아서 가도록 해. 얼마나 보기 흉했는지 아니?"

하지만 새들과 골프 치는 게 아무리 재밌기로소니, 그간 늘 나를 반겨준 쥐 친구들을 내칠 수는 없었습니다. 며칠 지나 쥐들로부터 더 추워지기 전에 골프나 한번 치자며 연락이 왔습니다.

무척 반가워 한걸음에 달려갔습니다. 오랜만에 함께해서인지 더 즐거웠습니다.
9번 홀이 지날 즈음 박쥐가 집쥐에게 말했습니다.

"얼마 전에 새들과 함께 골프를 쳤는데 이리저리 휙휙 날아다니는 게 정말 대단하더라."

"와, 말만 들어도 정말 재밌었을 것 같다."

집쥐는 박쥐가 새들과 어울리는 데 아무런 거리낌이 없는 것 같았습니다.

옆에 있던 생쥐도 한마디 했습니다.

"나도 새들과 골프 한번 쳐봤으면…."

뒤따라오던 시골 쥐도 거들었습니다.

"걔들이 우리랑 골프를 치려고 하겠니? 나는 박쥐가 이렇게 하늘 골프 이야기를 들려주는 것만으로도 족해."

박쥐는 새들이 쥐에 대해 어떻게 말했는지 차마 입 밖에 꺼낼 수 없었습니다.

새들은 서로의 다름을 인정하지 않고 쥐를 헐뜯었지만, 쥐 친구들은 차이를 있는 그대로 긍정했습니다.

이후, 박쥐는 더이상 새들과 어울릴 수 없었습니다. 그리고 날 수 있는 능력을 뽐내는 일 없이 쥐들과 오래도록 어우러져 골프를 즐겼답니다.

접대 골프

 골프를 치기만 하면 늘 투덜거려 친구들로부터 조차 따돌림당하던 한 사람이 어느 날인가부터 완전히 변했습니다. 명랑하고 유쾌할 뿐만 아니라 골프 실력도 훌쩍 늘었습니다. 그러니 자연스레 사람들이 그를 좋아하기 시작했습니다. 라운드를 함께하던 친구가 그에게 물었습니다.

 "아니, 자네 어찌 이렇게 하루아침에 달라졌는가?"

 "허허, 작년 이맘때쯤이었나? 스윙도 샷도 엉망이 되어 시합만 하면 지니까 정말 죽을 맛이었네. 그러던 어느 날,

손님 하나가 찾아와 골프장에서 접대해야 할 일이 생겼지. 내게 정말 중요한 손님이었기 때문에 시합에 이기고 지는 게 문제가 아니라 그분을 기분 좋게 해드리는 게 관건이었다네. 옆에서 응원도 하고 공도 주워드리면서 시중을 들었고, 심심하지 않으시게 재밌는 이야기도 해드렸지. 다행히 그분도 만족해하시는 것 같았네. 그런데 정말 놀라운 일이 벌어졌어.”

“아니, 그게 뭔가?”

“그날 내 생애 최고의 점수를 냈다네.”

“그게 정말인가? 그분을 수발하느라 정신이 없었을 텐데 어떻게 그럴 수가 있었단 말인가?”

“다름 아닌 나 자신일세. 생각해보니 진짜 제대로 대접받아야 할 사람은 바로 나였다네. 일하랴 가족들 챙기랴 애쓰는 나야말로 정말 위안이 필요하지 않겠나? 그래서 결심했지. 골프를 칠 때만큼은 스스로에게 접대하자고,

나를 격려하고 응원하고 칭찬하자고 말일세."

"그랬군."

"자네도 한번 해보게나. 그러고 나니 골프가 정말 즐거워졌다네. 일도 술술 풀리고 말일세, 하하!"

그의 환한 웃음에 친구의 마음도 함께 따뜻해졌습니다.

뻔한 샷

골프를 업으로 삼은 한 사내가 계속 실력이 부진해 고민하던 끝에 집 근처 절에서 큰스님 모시어 법회를 연다는 소식을 듣고 찾아갔습니다.

사내는 법회가 끝난 후 절 주변을 맴돌며 망설이던 끝에 스님께 물었습니다.

"스님, 저는 골프 선수입니다만 고민이 깊어 한 가지 여쭙고자 합니다."

"알고 싶은 것이 무엇인가?"

"저는 남들이 다 어려워하는 샷은 잘하는데 뻔하고 쉬운 샷에서 꼭 터무니없는 실수가 나옵니다. 도대체 그 이유가 무엇이겠습니까?"

스님은 사내의 말을 묵묵히 듣고는 말했습니다.

"같은 무게의 물건이라도 무겁다고 여기고 들면 오히려 가볍고, 가볍다고 여기고 들면 도리어 무거운 법일세. 사람이 큰일보다 작은 일에 낭패를 겪는 이유는 큰일을 할 때는 정신을 바짝 차리면서도 작은 일에는 방심하기 때문이 아니겠는가."

사내는 스님의 말에 깨우침을 얻었다는 듯 말했습니다.

"아, 그래서 성인은 작은 일을 크게 여긴다는 옛말이 있군요."

그러자 스님은 고개를 절레절레 흔듭니다.

"그런 말이 아닐세. 성인에게는 작은 일, 큰일이 따로 없다네. 모두가 큰일이요, 그래서 모두가 작은 일이지. 숟가락 하나도 함부로 들지 마시게. 그러면 태산이 오히려 가벼울 걸세."

이후 사내는 모든 샷에 한결같은 마음으로 임했습니다. 아무리 쉬운 샷이라도 소홀히 하는 일이 없었습니다. 자신의 실력이 제아무리 뛰어나다고 한들 언제고 실수할 수 있다는 겸손한 마음을 잃지 않았습니다. 그랬더니 오히려 겨우겨우 해내던 어려운 샷들도 이제는 모두 쉽고 뻔한 샷이 되었답니다.

연습은 없다

한 사람이 연습장에서 쉴 틈 없이 공을 쳐 내며 땀을 뻘뻘 흘리고 있었습니다.

나름 구질도 좋고 방향성도 좋아 주변 타석의 사람들이 다들 부러운 시선으로 그를 바라보았습니다.

그런데 옆 타석에서 연습하던 노인이 못마땅한 듯 말을 건넸습니다.

"자네 한 100타 정도 치나?"

노인의 무례한 태도에 기분이 상했지만 틀린 말은 아니

었습니다.

"예, 그렇긴 합니다만 무슨 일이신가요?"

"구력은 한 육 년쯤 됐겠군그래."

"어찌 그리 잘 아십니까?"

사내는 노인이 너무 자신 있게 단언하니 묻는 말에 꼬박 꼬박 대답할 수밖에 없었습니다.

노인은 그러고는 볼일 다 봤다는 듯 짐을 챙겨 자리를 뜨려 하다가 중얼대듯 말했습니다.

"쯧쯧, 연습은 그렇게 하면 안 되는데 말이야. 연습을 위한 연습은 아무 소용이 없지. 인생에 연습이 있을 수 없듯 골프도 그러한 법이거늘……."

그러고는 사내가 되물을 겨를도 없이 휙 나가버렸습니

다. 사내는 무시당한 것 같아 불쾌하기도 하고 노인의 말이 남긴 여운에 기분이 왠지 찜찜했습니다.

또 아닌 게 아니라 사내는 연습 때 실력에 비해 시합 성적이 늘 부진했습니다. 사내는 결국 어쩌면 그 노인으로부터 뭔가 답을 얻을 수 있을지도 모른다는 막연한 기대를 갖고 연습장을 다시 찾았습니다.

다행히 노인은 그날도 그곳에 있었습니다. 멀찌감치 떨어져 노인이 연습하는 것을 지켜보니 그 실력이 예사롭지가 않습니다.

많은 공을 치지는 않지만 한 샷 한 샷 정성을 다하는 모습에서 내공이 느껴졌습니다.

사내는 한참을 보다가 노인에게 다가가 말을 건넸습니다.

"어르신, 안녕하십니까?"

"아, 자네구먼. 며칠 뜸하더군."

노인은 마치 기다렸다는 듯 반색했습니다.

"네. 그나저나 그날 제가 연습을 위한 연습을 한다고 하셨는데 그게 무슨 뜻인지요?"

노인은 잠시 뜸을 들이고는 되물었습니다.

"내 하나 묻지. 필드에 나가는 것만 골프고 연습은 골프가 아닌가?"

"물론 다 골프지요."

"그런데 내가 보기에 자네는 골프를 잘 치기 위해 연습한다기보다 그저 악에 받쳐 공을 쳐 내는 것 같았네."

"전 단지 열심히 하려고 했을 뿐인데."

"열심히 하는 것과 제대로 하는 것은 다르지. 자네처럼 연습량을 채우는 데만 급급해 무턱대고 공을 쳐대면 실전

에서는 소용이 없다네."

"사실은 실제 라운드에서는 연습 때만큼 실력이 발휘되지 않아 고민입니다."

"연습과 실전이 따로 있는 게 아니네. 모두 똑같은 골프일 뿐이지. 실전에 임하듯 연습을 하고 연습하듯 실전에 임해야 하네."

"그렇군요."

"연습은 샷을 할 때의 내 마음을 확인하는 과정일세."

"실수할까 두려워하고 있지는 않은지, 욕심을 부리고 있는 것은 아닌지, 상황에 맞는 선택을 게을리하고 오로지 공에만 마음을 빼앗기고 있는 것은 아닌지, 손목이나 어깨에 힘이 잔뜩 들어가 전체적인 몸동작의 균형을 간과하고 있지는 않은지. 연습이란 그런 것들을 살피는 과정이라네. 실전은 그저 그것을 점수로 확인하는 것일 따름이지."

그날 이후 사내의 연습 태도는 몰라보게 달라졌고 시합 때에도 늘 평정심을 유지해 좋은 점수를 내게 되었답니다.

무재의 칠시

한 제자가 투덜거리는 모습을 보고 스승이 다가가 물었습니다.

"왜 그러느냐?"

"스승님, 저와 골프 실력이 비슷한 친구가 하나 있어 오늘 함께 라운드를 했는데 큰 점수 차이로 지고 말았습니다."

"이런 날도 있고 저런 날도 있는 법이거늘 그게 뭐 그리

화낼 일이더냐."

제자의 말을 대수롭지 않게 여긴 스승이 돌아서려 하자 제자가 다급히 다시 말했습니다.

"이번이 처음이 아닙니다. 벌써 몇 번이나 함께 라운드 했지만 번번이 같은 결과이니 정말 답답할 노릇입니다."

"허허, 그랬구나. 실력이 비등한데 그렇다면 이는 필시 공덕의 차이일 것이니라."

"공덕의 차이라니요?"

"네가 쌓은 공덕이 친구보다 부족한 탓이란 말이다."

"하지만 아직 제 앞가림도 못하는 제가 무슨 수로 공덕을 쌓는다는 말입니까?"

"가진 것이 없어도 베풀 방법은 얼마든지 있느니라."

"스승님, 그게 무엇입니까?"

"노인 하나가 무거운 짐을 지고 가고 있다고 치자. 네 몸 뚱이로 그것을 대신 들어주어 공덕을 쌓을 수도 있고, 하 다못해 그 모습을 애처롭게 여기거나 그저 따스한 눈길을 보내기만 해도 네 공덕이 쌓이느니라."

"알겠습니다."

"그뿐만이 아니다. 부드러운 미소로 누군가를 바라보거 나 따뜻한 말을 건네는 것도 공덕을 쌓는 일이니라."

"네, 그렇게 하겠습니다. 제가 할 수 있는 게 더 없겠습 니까?"

"또 있느니라. 자리를 양보하고 쉴 곳을 베풀어도 공덕 이 쌓이느니라."

"스승님 말씀 마음에 새겨 늘 실천하겠습니다."

"내가 오늘 이야기한 것을 가리켜 가진 것이 없어도 공덕을 쌓는 길이라 하여 '무재의 칠시(七施)'라 하느니라."

"다만 여쭙건대 이를 행하면 정말 골프 실력도 좋아지는 것인지요?"

"늘 베풀고 배려하는 마음의 여유를 가진 사람이라면 그 무엇을 해도 능히 이루어낼 수 있느니라."

눈치 채지 않도록

.

한 무리의 친구들이 이야기꽃을 피우고 있었습니다. 그러다 그중 하나가 근래에 있었던 묘한 경험을 이야기했습니다.

"얼마 전에 드라이버가 좀 낡은 것 같아서 새것으로 바꿔보려고 가게에 들렀더니 주인이 일단 한번 써보고 고르라며 하나를 빌려주더라고."

"그래서?"

"연습장에 가서 사용해봤지. 그런데 영 신통치가 않더군. 그래서 원래 쓰던 드라이버로 다시 연습했는데 암만해도 예전 같은 샷이 나오질 않는 거야. 겉보기에는 분명 달라진 게 없는데도 말이야. 그래서 어쩔 수 없이 다른 새것을 하나 사기는 했는데 이것도 그리 신통치가 않고… 그래서 요즘 티샷 때문에 골머리를 앓고 있어. 아예 골프 자체가 질릴 정도라네."

친구 중 하나가 한마디 했습니다.

"흠, 아무래도 네가 원래 쓰던 드라이버가 골이 난 모양이군그래. 잘 달래보는 수밖에 없겠어."

"아니, 자네 그게 무슨 해괴망측한 소리인가?"

"아닌 게 아니라 나도 한 골프 고수에게 그 비슷한 이야기를 들은 적이 있네. 클럽을 바꾸려거든 원래 쓰던 클럽이 절대 눈치 채지 않도록 하라더군. 그리고 한 번 선택한 클럽에게는 지극정성을 다하고 말이야."

"모르는 소리 말게. 아무리 생명이 없는 미물이라도 옆에 있던 따른 친구가 거들었습니다. 그것을 가진 사람의 마음을 알아차리게 마련일세."

그 말을 듣고는 당장 집에 달려가 원래 쓰던 드라이버를 꺼내 보았습니다. 그 드라이버에는 나와 함께한 세월의 흔적이 고스란히 새겨져 있었습니다.
안쓰러운 마음에 그날 이후 매일같이 애지중지 손질을 했습니다.

그러기를 며칠이 지나 그 드라이버를 가지고 연습장을 찾았더니 정말 신기하게도 예전처럼 샷이 잘 되었습니다.

이후 평생 그 사람은 그 드라이버뿐 아니라 자기가 가진 모든 클럽을 마치 자식 대하듯 소중히 다루며 골프를 즐겼답니다.

연습의 효용

성사를 앞두고 있던 큰 거래가 일방적으로 취소되는 바람에 몹시 화가 난 장사꾼에게 한 친구로부터 한번 보자며 전갈이 왔습니다.

내키지 않았지만 오랜만에 연락이 온 터라 며칠 후 약속을 잡아 만났습니다.

친구가 물었습니다.

"오랜만일세. 장사는 잘 되는가?"

"아이고, 요즘 같아서야 정말 죽을 맛이네그려."

"무슨 일이 있었나보군."

마음이 답답했던 장사꾼은 친구에게 자초지종을 이야기하였습니다.

"그런 일이 있었군. 기분 전환할 겸 골프 연습장이나 한번 가지 않을 텐가?"

"아니, 내가 지금 한가하게 골프나 치고 있을 여유가 있겠나?"

"모르는 소리 말게. 골프는 이럴 때 하라고 있는 걸세."

친구의 종용에 장사꾼은 마지못해 친구를 따라나섰습니다.

한참을 묵묵히 연습에 몰두하던 친구가 말을 걸어왔습

니다.

"자네, 내 기억으로는 작년 이맘때쯤에도 화가 잔뜩 나는 일이 있었던 것 같은데."

"별걸 다 기억하는군. 그랬었지."

"지금도 그 일로 화가 나 있나?"

"벌써 일 년이나 지난 마당에 그럴 일이 뭐가 있겠나? 이제는 아무렇지도 않네."

"그거 보게나. 사람의 감정은 시간이 지나면 다 누그러지게 마련이네. 지금의 화도 나중에 돌이키면 부질없었다고 여겨질 걸세."

"아마도 그럴 테지. 하지만 지금으로서는 나도 내 마음을 어쩔 도리가 없네."

"화는 몸뚱이를 갉아먹는 독과 같은 것. 마음속에 오래 담아두어서는 절대 안 되네. 그럼 결국 병이 생기게 마련이지. 나는 화가 날 때면 골프 연습장을 찾는다네."

"화가 잔뜩 나 있는데 골프가 어디 제대로 되겠는가?"

"홧김에 골프를 치라는 말이 아니라네. 골프를 치면서 스스로를 들여다보고 달래는 걸세. 화는 섭섭함, 경쟁심, 자존심, 욕심, 열등감 같은 여러 마음이 모여 생기는 게지. 공마다 그 마음을 하나씩 담아 쳐 날려버리게. '헛된 기대야, 가라! 욕심도 가고, 배신감도 열등감도 모두 떠나가라!' 이렇게 외치며 말일세."

장사꾼은 쑥스러웠지만 답답한 마음에 친구의 말대로 해보았습니다. 처음에는 기어들어 가던 목소리가 점점 커졌습니다.

한참을 그렇게 하다 보니 말 마음이 뻥 뚫린 듯 시원해졌습니다. 거래를 취소한 사람이 그토록 미웠건만 이제 용

서할 수 있을 것도 같았습니다.

'그래, 그 사람도 나름의 사정이 있었겠지.'

언제 그랬냐는 듯 화는 온데간데없고 절로 힘이 났습니다. 그렇게 골프의 진정한 효용을 깨달은 장사꾼은 이후 화가 나거나 기분이 언짢아질 때면 늘 골프 연습장으로 달려갔답니다.

말의 권능

골프를 잘 가르치기로 소문난 스승이 있었습니다.

그런데 그 스승은 마음을 달래는 따뜻한 이야기들을 해 줄 뿐 잘못된 점을 지적하거나 시범을 보이는 일이 없었습니다.

어느 날 그 모습을 구경하던 한 사내가 스승에게 시비를 걸었습니다.

"내 참 기가 막혀서, 이야기 따위가 무슨 도움이 된다는 말이오? 유능한 스승이라더니 다 헛소문이었구면.”

그 말을 들은 스승은 버럭 화를 냈습니다.

“무식한 놈, 네가 뭘 안다고 까불어! 모르면 잠자코 있을 일이지.”

스승이 뜻밖의 반응을 보이자 분위기가 험악해졌습니다.

“아니, 지금 뭐라고 했소?”

구경꾼은 팔뚝을 걷어붙이고 당장이라도 덤벼들 기세로 대꾸했습니다.

그러자 스승은 언제 그랬느냐는 듯 부드러운 얼굴로 다시 말했습니다.

“한마디 말이 이처럼 자네를 흥분과 분노로 몰아넣는

데 마음을 덥혀주는 훈훈한 이야기가 어찌 치유의 권능이 없겠는가?"

그러자 구경꾼은 겸연스러운 듯 머리를 긁적이며 사람들 사이로 멀리 사라졌다고 합니다.

기도

형과 아우가 오랜만에 함께 골프를 쳤습니다.
그런데 아우의 실력이 몇 달 만에 부쩍 늘어 있었습니다.

예전에는 잘 치다가도 오비가 한 번 나면 마음이 흐트러져 나머지 라운드는 엉망이 되곤 했는데 그날은 사소한 실수에 연연하지 않고 여유로워 보였습니다.

그런데 형이 가만히 보니 아우는 오비가 날 때마다 몰래 품속에서 종이 한 장을 꺼내 거기 적힌 것을 중얼중얼 읽었습니다.

"아우야, 너 뭘 그리 중얼대느냐?"

"별거 아니에요. 신경 쓰지 마세요."

그런데 이후로도 아우가 몇 번이나 그러자 형은 참다못해 다시 물었습니다.

"참 궁금하구나. 도대체 무슨 말을 계속 되뇌는 거냐?"

그제야 아우는 고백하듯 이야기했습니다.

"한동안 오비가 하도 많이 나서 마음을 다스리기 위해 기도문을 하나 만들었어요. 이걸 읽었더니 정말 마음이 많이 다스려지고 스윙도 편해졌어요."

"그래? 어디 한번 보자."

아우가 수줍어하며 꺼낸 기도문에는 이렇게 적혀 있었습니다.

오비가 났을 때의 기도

오비가 났습니다. 감사합니다. 감사합니다. 감사합니다.

노력에 비해 더 좋은 샷을 원하는 욕심을 알아차리게
해주셔서 감사합니다.

매 타에 집중하지 않고 적당히 치려 하는 안일함을 알아
차리게 해주셔서 감사합니다.

스스로를 믿지 않고 실수하지는 않을까 의심하는 마음
을 알아차리게 해주셔서 감사합니다.

형은 어려움을 기회로 삼으려는 긍정적 태도가 깃든 그
기도문을 보니 아우가 기특하고 대견했습니다.
그런데 아우의 품에는 그 기도문 말고도 한 장의 종이가
더 있었습니다.

"그건 또 뭐냐?"

"라운드를 시작하기 전에 읽는 기도문이에요."

그 기도문에는 이렇게 적혀 있었습니다.

라운드를 위한 기도

천지신명이시여,
보잘것없는 한 인간이 이제 막 당신의 드넓은 품속으로
들어가려 합니다. 부디 어여삐 여기시어 무사히 라운드
를 마칠 수 있도록 보살펴주십시오.

라운드 하는 내내 혹여 제가 노력 이상의 성과를 기대
하거나 그때그때의 샷이나 점수에 연연해 스스로를 괴
롭히지는 않는지 단속해주십시오.

과거의 실패나 미래에 대한 불안에 휘둘리지 않고 바로

지금 이 순간 한 샷 한 샷에 집중하며 혼신의 노력을 다하고자 합니다. 갑작스런 고난에 주저앉지 않고 우연한 행운에 교만해지지 않도록 보살펴주십시오.

골프는 혼자 하는 운동이 아님을 잘 알고 있습니다. 나보다 상대를 더 배려하는 마음을 잃지 않도록 해주시고 골프가 그저 골프로 끝나지 않고 골프를 통해 얻은 깨달음들이 일상의 삶에서 꽃필 수 있도록 허락해주십시오. 감사합니다.

아우의 기도문에 큰 감명을 받은 형도 나름의 기도문을 만들어 늘 품에 지니고 다녔고 이로써 더 높은 골프의 경지에 오르게 되었다고 합니다.

오비의 급수

수완 좋기로 소문난 돈놀이꾼이 하나 있었습니다.

그는 주로 큰 상회를 운영하는 주인들에게 돈을 빌려주었는데 단 한 번도 돈을 떼이거나 하는 일이 없었고 그가 돈을 빌려준 상회들은 하나같이 장사가 번창했습니다.

그가 하루는 돈놀이꾼 친구들과 골프를 치다 자기가 전도유망한 상회 주인을 가려내는 비결을 털어놓았습니다.

그 비결은 그들과 함께 골프를 치면서 오비를 몇 번이나 내는지 살피는 것이라고 했습니다. 친구들이 의아해 물었습니다.

"아니, 오비를 내고 싶어서 내는 사람이 어디 있나? 어찌 그것을 보고 사람의 장래를 점칠 수 있다는 말인가?"

"물론 오비는 실력과 운의 문제이기도 하지만 첫 번째 오비를 낸 이후에 어떻게 대처하는지 유심히 관찰하면 그 사람의 됨됨이를 알 수 있다네.

누구나 한번쯤 오비를 낼 수 있지. 몸이 덜 풀렸거나 집중이 흐트러진 탓이겠지. 다음번 드라이버 샷을 잘 봐야 하네. 다음에도 또 오비를 내면 그는 신중하지 못한 사람이야. 슬라이스나 훅이 난다고 모두 오비가 되는 것은 아니지.

첫 번째 오비로 그날 자신의 구질을 파악하고 그에 맞추어 조준을 하면 얼마든지 페어웨이로 공을 올릴 수 있네. 한 번 실수를 하고도 아무 깨달음을 얻지 못하고 실수를 반복하는 사람이 어찌 사업을 잘 할 수 있겠나?"

"아무렴, 그렇지."

"그러고도 세 번째 오비를 낸다면 그는 게으른 사람이야. 이는 스윙 궤도가 안정되지 않다는 것이고 스윙 자세를 가다듬으려는 노력이 부족했단 이야기지. 아니면 애초에 골프를 만만하게 생각한 게지. 그런 사람은 사업할 때도 의욕만 앞서고 준비가 부족하게 마련일세."

"흠, 일리가 있네."

"네 번째 오비를 낸다면 그는 기지가 부족한 사람이야. 연습이 부족하건 운이 따르지 않건 간에 클럽을 바꾸어보거나 하는 식의 임기응변으로 대처하면 네 번씩이나 오비가 나지는 않는다네. 그런 사람은 작은 위기에도 무너질 수 있다네."

"과연 그렇겠군."

"또 다섯 번째 오비를 낸다면 그런 사람은 말할 가치조차 없네. 적지 않은 돈을 내고 필드에 나오면서 아무런 준비도 하지 않았다는 거니까 말이야. 그렇게 돈을 허투

루 쓰는 사람을 어찌 믿고 돈을 빌려주겠나?"

　그날 이 이야기를 들은 친구들은 그 비결을 본받아 훗날 골프도 사업도 크게 번창했답니다.

아름다운 스윙

평생을 아름다운 스윙을 추구하던 사내가 더 이상 발전하지 않는 벽에 이르렀습니다. 스스로 생각할 때 스윙이 아름답지도 않고 남들도 사내의 스윙에 더 이상 감동하지 않았지요.

실의와 좌절에 빠져 있던 사내에게 한 줄기 실오라기 같은 희망의 소식이 들렸습니다.

배우기만 하면 스윙이 편해지고 따라 하기만 하면 스윙이 아름다워진다는 대단한 스승이 있다는 소문이 떠다녔습니다.

소문을 따라 길을 나선 사내는 천신만고 끝에 작은 마을에서 스윙을 가르치고 있는 초로의 노인을 마주했습니다.
먼발치에서 바라본 그의 스윙은 부드럽지만 힘차고 아름다웠습니다.

용기를 내어 초로의 노인에게 다가간 사내는 말했습니다.

"저는 골프 스코어가 아니라 그저 아름다운 스윙을 갖고 싶습니다. 스승님 저에게 비전(秘傳)을 전수해 주십시오."

"스코어가 없는 아름다운 스윙은 어디다 쓰려고?"

노인은 사내를 쳐다보지도 않고 다짜고짜 퉁명스럽게 물었습니다.

"저는 골프를 스코어를 추구하는 게임이라 생각하지 않습니다. 푸른 초원에서 춤추듯 아름다운 스윙을 드러내는 게임이라….”

    사내는 제법 신중하게 이야기하려 하는데 노인은 중간에 말을 거칠게 끊고 들어왔습니다.

    “참 별스러운 골프를 추구하는군. 스코어를 잘 내는 스윙이 아름다운 스윙인 것이야.”

    잠시 침묵이 흘렀습니다.

    “암튼, 아름다운 스윙을 만들려고 어떤 노력을 했나?”

    스승의 단호한 반응에 머쓱해진 사내는 자세를 가다듬으면서 말했습니다.

    “온갖 책을 읽고, 유튜브를 뒤지고, 최고 경지에 이른 프로들의 영상을 보면서 스윙을 따라 하려고 정말 큰 노력을 했습니다.”

"잘 안됐지?"

결과는 뻔하다는 투로 던진 노인의 질문에 사내는 힘이
쪽 빠져버렸습니다.

"휴. 그렇습니다."

"아름다운 스윙이란 결과가 아니라 과정일 뿐이야. 신기
루 같은 것이지. 아름다운 몸과 수많은 반복의 결과이지,
누군가의 스윙을 따라 한다고 얻거나 이룰 수 있는 경지가
아니라는 걸세."

"몸이 아름답지 않으면 아름다운 스윙은 이룰 수 없다는
이야기입니까?"

"그렇지. 스윙은 몸으로 하는 거 아닌가?"

"예. 몸으로 하지요."

"골프에서 몸이 아름답다는 것은 쭉쭉 빵빵을 의미하는 것이 아닐세. 지구력, 근력, 유연성이 좋은 몸을 의미하는 거야."

"아. 예. 그렇군요."

"그런 몸이 쉬 만들어지는가?"

"아뇨, 그 자체로도 어려운 이야기입니다."

"그래, 설혹 아름다운 몸을 한순간 얻었다고 하더라도 그 몸을 유지하는 일은 쉬운가?"

"아닙니다. 그것은 더 어려운 일이죠."

"내가 아름다운 스윙을 자네에게 지금 가르쳐 준다 한들 자네를 그것을 유지하기도 쉽지 않을 것이네."

"…."

사내는 답을 할 수가 없었습니다.

"자네 어떤 사람이 줄넘기를 잘하나?"

"글쎄요?"

"남의 줄넘기를 따라 하고, 줄넘기 책을 본다고 줄넘기의 달인이 되나?"

"아닙니다. 많이 하는 사람이…."

사내는 기어들어가는 목소리로 답했습니다.

"그래 스윙이 아름다워지는 비결은 스윙을 많이 하는 것 외에 어떤 왕도도 없어. 하루에 백 번 하는 사람과 3백 번 하는 사람, 천 번 하는 사람과 3천 번 하는 사람의 차이가 있을 뿐이네."

사내는 스승의 너무도 뻔한 이야기에 한마디도 토를 달

수 없었습니다.

노인은 말을 이어갔습니다.

"작대기 휘두르기에 불과한 스윙은 배울 것도 없을 만큼 쉬운 것이네. 사람들은 반복하지 않고, 멋진 스윙을 탐내지, 그래서 좌절하는 것이야."

사내는 너무도 초라해지는 자신을 느끼며 마지막 질문을 건넨다.

"스승님 지금부터 저는 어찌해야 할까요?"

"글쎄, 남의 스윙을 따라 하려 애쓰지 말고 자네 몸이 허락하는 자네만의 스윙을 만들어 보게."

"제 몸이 허락하는 스윙요?"

"그래 내 몸이 허락하는 스윙, 내 몸에 최적화된 스윙이 아름다운 스윙이야. 어떤 지침들이 합이 아름다운 스

166

윙이 아닐세, 아무 생각이 없는 스윙, 자동화된 스윙이 아름다운 스윙일세. 자네 스윙에 스며있는 생각의 군더더기를 덜어내야 하네. 그러려면 하루에 3천 번씩 스윙하게."

"헉!"

"싫어? 아름다운 스윙을 만들고 싶다며. 싫으면 관두고."

노인을 그 말을 끝으로 더 이상 할 말이 없다는 듯 자리를 훌쩍 떠났다.

사내는 한참 동안 그 자리를 지켰습니다.
스님에게 죽비로 머리를 맞은 듯 멍한 상태가 지속되었습니다.
해가 뉘엿뉘엿 지고 있어 더 이상 자리에 머물 수 없게 되자 사내는 혼자 중얼거리면서 자리를 털고 일어섰습니다.

"그래 해보자, 이제까지 했던 방법을 버리고 다시 시작해 보자, 다른 길도 더 이상 없잖아."

사내는 집으로 돌아오자 스윙을 시작했습니다.
하루에 3천 번씩 스윙을 시작했습니다.
처음에는 5시간도 넘게 걸렸습니다.

정말 힘들고 괴로운 수행 과정이었지만 사내의 멀어지는 뒷모습을 보면서 크게 고함치던 스승의 목소리를 기억하면서 연습을 지속했습니다.

"할 거면, 빈 스윙 10만 번을 채울 때까지 공을 치지 마."

세월이 흐르면서 3시간 정도에 할 수 있게 되었습니다.
무심한 반복은 거룩한 경험이 되면서 스윙은 날로 좋아졌고 몸도 더불어 가볍고 유연해졌습니다.

일 년 세월.
10만 번의 빈 스윙을 채우고 공을 치기 시작하자 본인도 보는 사람도 공감하는 아름다운 스윙이 만들어져 있었습니다.

제가 생각하는 골프의 모습을 우화의 형식을 빌려 그려보았습니다. 그 모습이 동그라미라면 이와 다르게 생각하는 사람도 많습니다. 네모다 세모다 의견이 분분합니다.

괜찮습니다.

그중 무엇이 골프의 본질에 더 가까운지가 죽고 사는 문제도 아니고 또 반드시 어떠해야 한다는 정답이 있는 것도 아닙니다. 하지만 자기 마음속에 있는 골프의 그림에 따라 샷이 거칠어지기도, 부드러워지기도 합니다.

마음가짐에 따라 골프는 짐이 되기도 하고 좋은 친구가 되기도 합니다.

생계를 위해 골프를 치는 사람의 골프와 취미로 골프를 치

는 사람의 골프가 같을 수 없고,

골프를 손수건 정도로 대수롭지 않게 여기는 사람의 골프와
골프를 명품 가방만큼이나 소중하게 대하는 사람의 골프가 같
을 수 없습니다.

골프가 본래 무엇이고, 지금 내 삶에서 어떤 의미를 지니는
지 돌이켰을 때 처음 골프를 칠 때 가졌던 목적과 의미로부터
멀리 벗어나 있다면 그 이유를 자신에게 분명하게 설명할 수
있어야 합니다.

스윙을 교정하는 것은 그 다음의 일입니다.

오늘도 골프와 더불어 행복하세요.

행복골프훈련소

사람들이 골프 연습장에 오는 이유는 단 하나다. 빨리 실력 향상하고 싶어서다. 한 사람의 골프 실력을 향상하게 시키는 일, 그리 간단치 않다. 아무리 뛰어난 프로가 나선다 해도 혼자서 감당할 수 있는 일이 아니다. 골프라는 게임을 하기 위해 알아야 할 정보량은 많고, 골프에 쓰이는 몸짓은 단순하지만, 공의 움직임은 오묘하다. 시설과 장비가 아무리 뛰어나도 그것만으로는 충분치 않다.

'골퍼를 육성하는 총체적인 시스템'이 필요하다.

주 2회 이상 지속해서 연습할 수 있고, 골프가 아니어도 들르고 싶은 세련된 공간이 있어야 하고 그 공간에 적절한 연습 도구(교구)들이 배치되어야 한다. 반드시 교재가 있어야 하고, 친절하고 세심한 길 안내(TUTORING)가 따라야 한다. 적확한 맞춤형 레슨(DOCTOR)이 있어야 할 뿐 아니라 골프가 개인 의지의 문제가 되지 않게 돕는 행복한 커뮤니티가 많아야 한다.

행복골프훈련소는 김헌이 20년 동안 경험하고 생산해온 콘텐츠의 집대성이자, 콘텐츠에 기술(Ai+iot)을 결합한 창조적 도전이다. 오로지 '프로에게만 의존하는 육성 시스템'의 비효율성에 대한 반성을 전제로 '독학 골프'의 낭비적인 요소를 보완한 '자율형 골퍼 육성 시스템'이다.

행복골프훈련소는 현재 프랜차이즈라는 사업 형태로 창업과 전업을 돕고 있고, 2021년말 현재 전국 30곳에서 성업 중이다. 행복골프훈련소는 '대한재빠(대한민국에서 가장 재미있고 빠르게)'를 캐치프레이즈로, '우리는 다 계획이 있습니다(100300−1938507)'를 메인 슬로건으로 100호점을 향해 매진하고 있다.

○ ● ○

골프 연습장 창업 특강 / 행복골프훈련소 창업 문의
일시: 매주 수요일 오후 3시
강사: 김헌
장소: 행복골프㈜, 행복골프훈련소 역삼점 / 논현로311번지
연락처: 02-5555-072
홈페이지: www.happygolf.co.kr